who?

글 박연아

만화 스토리 작가로 활동하고 있습니다. 순정 만화로 시작하여 학습 만화, 창작 만화, 동화까지 작업 범위를 넓혀 왔습니다. 현재는 인물의 어린 시절부터 성공에 이르는 과정을 통해 재미와 감동을 주는 인물 학습 만화 작업에 매진하고 있습니다. 작품으로는 학습 만화 《태극 천자문》(1권), 《제중원》, 《화랑세기와 미실》 등이 있습니다.
E-mail: nicenoel@paran.com

그림 스튜디오 청비

기발한 상상력을 바탕으로 새롭고 재미있는 콘텐츠를 만들어 내는 만화 창작 집단입니다. 작품으로는 《성철 스님》, 《아 다르고 어 다른 우리말 101가지》, 《반기문 유엔 사무총장의 꿈과 도전》, 《who? 한국사 – 이성계·이방원》 등이 있습니다.

감수 경기초등사회과연구회
진로 탐색 감수 이랑(한국고용정보원 전임연구원)
추천 송인섭(숙명 여자 대학교 명예 교수)

 세계 인물

체 게바라

개정판 1쇄 인쇄 2024년 11월 15일
개정판 1쇄 발행 2025년 1월 1일

글 박연아 **그림** 스튜디오 청비

펴낸이 김선식
펴낸곳 다산북스

부사장 김은영
어린이사업부총괄이사 이유남
책임편집 박세미 **디자인** 김은지 **책임마케터** 김희연
어린이콘텐츠사업1팀장 박정민 **어린이콘텐츠사업1팀** 김은지 박세미 강푸른
마케팅본부장 권장규 **마케팅3팀** 최민용 안호성 박상준 김희연
편집관리팀 조세현 김호주 백설희 **저작권팀** 이슬 윤제희 **제휴홍보팀** 류승은 문윤정 이예주
재무관리팀 하미선 김재경 임혜정 이슬기 김주영 오지수
인사총무팀 강미숙 이정환 김혜진 황종원
제작관리팀 이소현 김소영 김진경 최완규 이지우 박예찬
물류관리팀 김형기 김선민 주정훈 김선진 한유현 전태연 양문현 이민운

출판등록 2005년 12월 23일 제313-2005-00277호
주소 경기도 파주시 회동길 490
전화 02-704-1724 **팩스** 02-703-2219
다산어린이 카페 cafe.naver.com/dasankids **다산어린이 블로그** blog.naver.com/stdasan
종이 신승NC **인쇄** 북토리 **코팅 및 후가공** 평창피앤지 **제본** 대원바인더리

ISBN 979-11-306-5808-7 14990

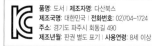

품명: 도서 | **제조자명**: 다산북스
제조국명: 대한민국 | **전화번호**: 02)704-1724
주소: 경기도 파주시 회동길 490
제조년월: 판권 별도 표기 | **사용연령**: 8세 이상

※ KC마크는 이 제품이 공통안전기준에 적합하였음을 의미합니다.

체 게바라

Che Guevara

다산
어린이

자신만의 멘토를 만날 수 있는 who? 시리즈

다산어린이의 〈who?〉 시리즈는 어린이들은 물론 어른들에게도 재미와 감동을 주는 교양 만화입니다. 〈who?〉 시리즈는 전 세계 인류에 영향력을 끼친 인물들로 구성되었으며 인물들의 삶과 사상을 객관적으로 전해 줍니다.

이처럼 다양한 나라와 분야에서 활약한 위인들의 이야기를 통해 과학, 예술, 정치, 사상에 관한 정보는 물론이고, 나라별 문화와 역사까지 배우게 될 것입니다. 〈who?〉 시리즈의 가장 큰 장점은 위인들이 그들의 삶에서 겪은 기쁨과 슬픔, 좌절과 시련, 감동을 어린이들이 함께 느낄 수 있다는 것입니다. 어린이들은 이 책을 읽으면서 폭넓은 감수성을 함양하게 됩니다.

〈who?〉 시리즈의 어린이 독자들이 책 속의 위인들을 통해 자신만의 멘토를 만나 미래의 세계적인 리더로 성장하기를 진심으로 응원합니다.

존 덩컨 미국 UCLA 동아시아학부 교수

존 덩컨(John B. Duncan) 교수는 한국학 분야의 세계적인 석학으로 미국 UCLA 한국학 연구소 소장 및 동 대학의 동아시아학부 교수를 겸직하고 있습니다. 하버드 대학교 교환 교수와 고려 대학교 해외 교육 프로그램 연구센터장을 역임했으며, 주요 저서로는 《조선 왕조의 기원》, 《조선 왕조의 시민 행정의 제도적 기초》 등이 있습니다.

세상을 더 나은 곳으로 만든
사람들의 이야기

어린이들은 자라면서 수많은 궁금증을 가지게 됩니다. 그중에서도 "저 사람은 누굴까?"라는 질문은 종종 아이들의 머릿속을 온통 지배해 버리기도 합니다. 다산어린이에서 출간된 〈who?〉 시리즈는 그런 궁금증을 해결해 주기 위해 지구촌 다양한 분야의 리더들을 소개하고 있습니다.

〈who?〉 시리즈에 등장하는 인물들은 인종과 성별을 넘어 세상을 더 나은 곳으로 만든 사람들입니다. 어린이들은 이 책에서 디지털 아이콘으로 불리는 스티브 잡스는 물론 니콜라 테슬라와 같은 천재 발명가를 만날 수 있습니다.

책 속 주인공들의 어린 시절 이야기를 통해 기쁨과 슬픔, 도전과 성취감을 함께 맛보고, 그들과 함께 성장하면서 스스로 창조적이고 인류에 도움이 되는 사람이 되겠다는 포부와 자신감을 갖게 될 것입니다.

〈who?〉 시리즈 속에서 다채롭고 생동감 넘치는 위인들의 이야기를 만나 보세요.

에드워드 슐츠 하와이 주립 대학교 언어학부 교수

에드워드 슐츠(Edward J. Shultz) 하와이 주립 대학교 언어학부 교수는 동 대학의 한국학센터 한국학 편집장을 역임한 세계적인 석학입니다. 평화봉사단 활동의 하나로 한국에서 영어 교사로 근무한 경험이 있으며, 현재 한국과 미국, 일본을 오가며 활발한 활동을 펼치고 있습니다. 저서로는 《중세 한국의 학자와 군사령관》, 《김부식과 삼국사기》 등이 있고, 한국 중세사와 정치에 대한 다수의 기고문을 출간했습니다.

미래 설계의 힘을 얻는 길이 여기에 있습니다

어린이가 성장하는 시기에는 스스로 미래를 설계하며 다양한 책을 접하는 경험이 필요합니다.

어린 시절 만난 한 권의 책이 인생에 미치는 영향이 얼마나 큰지는 꿈을 이룬 사람들의 말을 통해서 알 수 있습니다. 빌 게이츠는 오늘날 자신을 만든 것은 동네의 작은 도서관이었다고 말하고, 오프라 윈프리는 어린 시절 유일한 친구는 책이었음을 고백하며 독서의 중요성에 대해 이야기합니다.

꿈을 이룬 사람들의 공통점은 또 있습니다. 그들에게는 어린 시절, 마음속에 품은 롤 모델이 있었습니다. 여러분의 롤 모델은 누구인가요? 〈who?〉 시리즈에서는 현재 우리 어린이들이 가장 닮고 싶어하는 롤 모델을 만날 수 있습니다. 버락 오바마, 빌 게이츠, 조앤 롤링, 스티브 잡스 등 세상을 바꾼 사람들의 감동적인 이야기를 담은 〈who?〉 시리즈는 어린이들이 구체적인 목표를 설정하고 희망찬 비전을 세울 수 있도록 도와줄 친구이면서 안내자입니다. 〈who?〉 시리즈를 통하여 자신의 인생 모델을 찾고 미래 설계의 힘을 얻을 수 있습니다.

송인섭 숙명 여자 대학교 명예 교수

숙명 여자 대학교 명예 교수이자 한국영재교육학회 회장으로 자기주도학습 분야의 최고 권위자입니다. 한국교육심리연구회 회장, 한국교육평가학회장, 한국영재연구원 원장을 역임했습니다. 자기주도학습과 영재 교육의 이론을 실제 교육 현장에 적용하기 위해 노력하고 있습니다.

평생을 이끌어 줄
최고의 멘토를 만날 수 있는 책

10대에 가장 중요한 것은 무엇일까요? 학과 공부와 입시일까요?
우리나라 최초의 국제회의 통역사로 30년 동안 활동하면서 글로벌
리더들을 만날 기회가 수없이 많았던 저는 대한민국의 초등학생들에게
특별한 조언을 해 주고 싶습니다. 그것은 큰 꿈을 가지는 것이 무엇보다
중요하다는 것입니다.

꿈은 힘들고 지칠 때 나를 이끌어 주는 힘이고 내 인생의 주인이 되어
일어설 수 있게 하는 원동력이 되어 줍니다. 꿈이 있는 아이가 공부도
잘하고 결국 그 꿈을 실현할 수 있게 되는 것입니다. 저 역시 어린 시절
품었던 꿈이 지금의 자리에 있게 한 원동력이었습니다. 남들이 모르는 큰
꿈을 마음속에 간직하고 있었기에 괴롭고 힘들어도 포기하지 않고 다시
일어설 수 있었습니다.

어린 시절 저에게도 힘들고 지칠 때마다 용기를 불어넣어 주고
힘이 되어 주었던 분들이 있었습니다. 지금의 자리로 저를 이끌어 준
멘토들처럼 〈who?〉 시리즈에서 여러분의 친구이자 형제, 선생이 되어 줄
멘토를 만날 수 있기를 바랍니다.

최정화 한국 외국어 대학교 교수

우리나라 최초의 국제회의 통역사로 현재 한국 외국어 대학교
통번역대학원 교수로 재직 중입니다. 세계 무대에서 자신의 꿈을
이룬 여성 신화의 주인공으로, 역시 세계에서 꿈을 펼치려고 하는
청소년들에게 멘토로서의 역할을 충실히 하고 있습니다. 저서로는
《외국어 내 아이도 잘할 수 있다》, 《외국어를 알면 세계가 좁다》,
《국제회의 통역사 되는 길》 등이 있습니다.

Che
Guevara

- 이름: 에르네스토 라파엘
  게바라 데 라 세르나
- 생몰년: 1928~1967년
- 국적: 아르헨티나
- 직업·활동 분야: 의사,
  혁명가
- 경력: 쿠바 공업부 장관 등

체 게바라

아르헨티나 로사리오에서 태어난 체 게바라는 의사를 꿈꾸는
평범한 학생이었어요. 대학 시절, 단짝 친구 알베르토와 여행길에
오른 그는 식민 시대를 살고 있는 민중을 보고 뜨거워진 가슴을
진정시킬 수 없었지요. 훗날, 사촌 동생과 두 번째 여행을 하며
혁명가가 되어야겠다고 다짐한 체 게바라는 쿠바 공산당에
입단하게 되는데, 그는 어떻게 라틴 아메리카의 운명을 바꾼
혁명가가 된 걸까요?

셀리아 데 라 세르나

체 게바라의 어머니는 두 살 때부터 심한 천식을 앓게 된 아들을 위해 좋은 환경을 찾아 몇 번이나 이사를 했습니다. 아픈 몸 때문에 또래보다 늦게 초등학교에 입학한 체 게바라는 자유롭고 진보적인 사고를 가진 어머니의 교육을 받으며 자연스럽게 식민 사회의 모순에 대해 눈을 뜨지요.

알베르토 그라나도

알베르토 그라나도는 체 게바라와 같은 의과 대학에 다녔던 나이 많은 친구예요. 졸업 후 나환자를 치료하던 알베르토는 체 게바라에게 오토바이를 타고 여행을 떠나자고 제안하지요. 이들은 여행 중 부유층은 최고의 삶을 누리는 반면, 서민층은 극도로 빈곤한 삶을 살아가는 것을 보며 민중에 대한 억압과 착취의 현실에 대해 알게 됩니다.

들어가는 말

- '쿠바의 영웅'으로 불리며 평등한 사회를 만들고자 혁명을 일으킨 체 게바라에 대해 알아봅시다.
- 체 게바라가 혁명 운동을 한 라틴 아메리카 사회와 문화의 특징을 이해합니다.
- 평화와 평등, 자유로운 삶을 위해 희생도 마다하지 않는 '사회 운동가'라는 직업에 대해 탐구해 볼까요?

1 천식과 싸우다

1928년 6월 14일, 아르헨티나 로사리오에서 훗날 '체'라고 불리게 될 '에르네스토 라파엘 게바라 데 라 세르나'가 태어났습니다. 게바라 부부는 아이가 예정보다 빨리 태어나는 바람에 가까운 친척 집에 머무르게 되었습니다.

네 이름은 에르네스토란다.

이 아버지의 이름을 따서 지은 거야.

당신 몸이 회복될 때까지 여기서 잠시 지내야겠어.

알겠어요.

부부는 아이가 여행할 수 있을 정도로 자라 집으로 돌아왔습니다.

에르네스토, 집에 다 왔단다.

*폐렴: 폐에 생기는 염증. 열이 나고 기침이 심하다.

하지만 에르네스토의 기침은 점점 더 심해졌고, 결국 *천식을 앓게 되었습니다.

몸이 나아지기는 커녕 더 나빠지고 있잖소!

그게 나 때문이란 거예요?

당신이 그날 애를 데리고 강에만 가지 않았어도 이런 일은 일어 나지 않았어!

여보, 말이 심하네요!

미안해. 화가 나서 그만……

여긴 공기가 너무 습해. 천식을 앓는 에르네스토에겐 좋지 않을 거야.

의사 선생님도 이곳은 좋지 않다고 했어요.

그럼 다른 곳으로 이사를 하자고.

알겠어요.

*천식: 기관지에 경련이 일어나는 병. 숨이 가쁘고 기침이 나며 가래가 심하다.

네가 일을 그만두면 나도 손해가 크다고!

이거라도 주는 걸 다행으로 알아!

불공평합니다!

뭐야?

정당하게 일한 대가를 받을 수 없다니 정말 억울해!

나도 엄마가 편찮으셔서 며칠 못 나왔더니 그 전에 일했던 것도 못 받았어.

그런데도 가만 있었어?

어쩌겠어. 여기 아니면 일할 곳이 없는 걸.

이런 일이 한두 번이 아니야. 조금만 실수해도 품삯을 깎아 버린다니까.

저처럼 부당한 대우를 받는 사람들이 앞으로도 계속 생길 거예요.

체 게바라의 성공 열쇠

혁명가 체 게바라 ⓒ Luxt Design

아르헨티나에서 태어난 체 게바라는 의사를 꿈꾸던 젊은이였습니다. 하지만 그는 자신이 태어난 남아메리카를 여행하면서 혁명가의 길로 뛰어들지요. 힘없고 가난한 사람을 업신여기는 부자들과 국민을 돌보지 않고 자신의 배만 불리는 정치가들을 보며 마음이 바뀐 거예요. 체 게바라는 인간의 질병을 고치는 것도 중요하지만 세상의 질병을 고치는 게 더 중요하다고 생각했습니다. 그래서 그는 쿠바, 콩고, 볼리비아 등의 혁명에 자신의 모든 것을 바쳐서 일했지요. 오늘날 체 게바라의 사상과 행동은 많은 사람들에게 본보기가 되고 있답니다.

하나   어려운 이웃을 생각하는 마음

"비베 코모 키에라스!" 에스파냐어로 '원하는 대로 지내는 곳'이라는 뜻입니다. 이 말은 체 게바라가 어린 시절 살던 집의 별명이었지요.

1941년경 체 게바라의 가족 사진

어린 체 게바라는 굶주린 광부나 집 없는 노동자의 아이들을 자주 자신의 집으로 데려와 먹을 것을 주고, 잘 곳도 마련해 주었습니다. 체 게바라는 어려운 사람들에게 베풀 줄 아는 따뜻한 마음씨를 갖고 있었던 것입니다. 체 게바라의 부모님 역시 데려온 아이들을 늘 따뜻하게 대해 주었지요. 그래서 체 게바라의 집은 가난한 사람들에게 언제나 열려 있는 공간이었답니다.

둘   건강한 몸, 건강한 마음

체 게바라는 어릴 때부터 천식을 앓았습니다.
천식에 걸리면 기침이 심해지고 호흡이
곤란해져요. 자칫 잘못하면 사망에 이를 수도
있는 무서운 병입니다.
천식은 어린 체 게바라를 몹시 괴롭혔지요.
그는 병 때문에 음식도 마음대로 먹을
수 없고, 학교도 못 가는 날이 많았어요.
그렇지만 체 게바라는 약해지지 않았습니다.
체력적인 한계를 이겨 내겠다고 굳게 마음먹었지요.
체 게바라는 수영, 축구, 럭비와 같은 격렬한 운동을 하며
몸을 단련했어요. 그리고 몸을 단련하는 데 그치지 않고
겸손, 협력, 용기 같은 덕목도 단단히 다져 나갔습니다.
이러한 정신은 그가 훌륭한 혁명가로 성공할 수 있었던
바탕이 되었답니다. 체 게바라는 평생 천식의 고통에
시달리면서도 남들보다 더한 노력으로 병을 극복해
사람들에게 큰 감동을 주었어요.

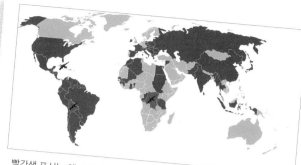

빨간색 표시는 체 게바라가 살던 곳이나 여행한 국가. 초록색 표시는
무력 혁명에 참여한 국가를 나타낸 것입니다.

쿠바의 산타클라라에 위치한 체 게바라의
기념관

who? 지식사전

라틴 전통이 녹아 있는 '라틴 아메리카'

아메리카 대륙은 크게 북아메리카와 남아메리카로 나뉘어요. 이 커다란 두 대륙을 좁은
땅덩이가 잇고 있는데, 그 땅덩이를 중앙아메리카라고 해요. 과테말라, 코스타리카 같은
나라가 여기에 속하지요. 그런데 북아메리카 남쪽에 있는 멕시코와 남아메리카의 브라질,
아르헨티나 등을 포함한 지역은 '라틴 아메리카'라고도 해요. 라틴 민족이 오랫동안 이
지역을 다스렸기 때문이에요. 라틴 민족은 유럽의 이탈리아, 에스파냐, 프랑스, 포르투갈,
루마니아 등에 사는 민족을 가리켜요. 유럽어의 일종인 '라틴어'를 사용해서 라틴
민족이라고 합니다.
이탈리아의 탐험가 콜럼버스가 1492년에 아메리카 대륙을 발견한 뒤로 많은 유럽 사람들이
이곳에 건너왔어요. 특히 에스파냐와 포르투갈은 오늘날 중남미 지역에 많은 식민지를
거느리며 라틴 아메리카 탄생에 큰 영향을 끼쳤습니다.

초록색으로 칠한 부분이
라틴 아메리카입니다.
© Heraldry

셋   도전 정신

체 게바라는 천식을 앓으면서도 온갖 운동에 도전했습니다.
또 어른이 된 뒤에는 건강을 해칠 위험을 무릅쓰고 오토바이를
타고 남아메리카를 여행하기도 했어요. 새로운 세계에
도전하려는 정신이 늘 가슴속에 불타올랐기 때문이지요.
의사의 길을 포기하고 혁명가의 길을 걸을 때도 체 게바라의
도전 정신은 꺼지지 않았습니다. 체 게바라는 쿠바 혁명을
성공시키고 쿠바의 2인자가 되어 마음만 먹으면 평화롭고
안정된 삶을 살 수 있었지요. 그러나 그는 편안한 삶에
안주하지 않고, 콩고와 볼리비아 혁명에 뛰어들었어요.
그것이 혁명가로서 걸어가야 할 길이었고, 또 도전해야
할 세계라고 생각했습니다. 현대를 살아가는 사람들이 체
게바라를 영웅으로 여기는 이유 중 하나는 그가 도전 정신으로
무장한 사람이기 때문입니다.

22살의 체 게바라는 친구 알베르토와 함께
오토바이로 남미 여행을 떠났습니다.

넷   부당함에 맞서는 정신

어린 시절 체 게바라는 친구네 집에 놀러 갔다가 깜짝
놀랍니다. 친구네 집은 허름한 한 칸짜리 오두막이었는데,
일곱 식구가 신문지나 헌 옷을 덮고 잔다는 말을 듣고
충격을 받은 것이지요. 체 게바라가 아버지에게 친구
이야기를 들려주자 아버지는 어린 아들에게 세상의
현실에 대해 가르쳐 줍니다. "세상에는 가난한 사람들이
생각보다 아주 많단다. 부자가 있으면 가난한 사람이 있기
마련이란다."라고 말이에요.
어린 시절의 경험으로 그는 세상의 부당함을 알게 됩니다.
그리고 어른이 되어서 불합리한 사회 구조에 분노를 느끼고
혁명을 꿈꾸게 되지요. 부당함에 고개 숙이지 않고 당당히
맞서는 정신은 그를 위대한 혁명가의 길로 이끌었습니다.

볼리비아의 라이게라에 있는 체 게바라의 조
각상 ⓒ ConyJaro

체 게바라는 부족함 없이 넉넉한 가정에서 태어났습니다.
그런데도 가난하고 소외된 사람들을 무시하지 않았어요.
오히려 그들과 잘 어울렸고, 또 그들의 편에 서서
함께하기를 망설이지 않았어요. 체 게바라가 이처럼
따스한 마음씨를 지니게 된 배경에는 가족들의 영향이
큽니다. 가족들 모두 가난한 노동자들에게 집을 내어 줄
만큼 마음이 따뜻했거든요.

1960년 쿠바의 아바나에서 폭발 희생자를 추모하고
있습니다. (왼쪽에서 세 번째 체 게바라)

체 게바라는 가난한 사람들이 부자들에게 부당한 대우를
받고, 힘없는 사람들이 소외당하는 것을 '불의'라고
생각했습니다. 모두가 행복하게 살아가는 세상을
'정의'라고 믿었지요. 어릴 때부터 간직해 온 따스한
마음은 어른으로 성장한 뒤 '정의감'으로 발휘되었습니다.
그래서 체 게바라는 민중을 사랑한 혁명가가 될 수 있었어요.
그는 적군의 생명도 소중하게 여기고 존중했던 따뜻한
혁명가였습니다. 정의로운 의사가 되고 싶었던 청년 체
게바라는 진정한 혁명가로 거듭나고 전 세계인의 가슴속에
정의로운 혁명가의 정신을 심어 주었습니다.

who? 지식사전

위대한 혁명가, 체 게바라가 남긴 말

"우리는 결코 전쟁광이 아니다. 다만 그래야 하기 때문에 행하고 있을 뿐이다.
모든 진실된 인간은 다른 사람의 뺨이 자신의 뺨에 닿는 것을 느껴야 한다. 언젠가 우리는
광부들이 노동의 대가를 즐겁게 받아 가고 먼지 낀 폐를 웃음으로 씻어 낼 날을 보게 될지도
모른다.
만약 우리 자신을 나병 치료에 진정으로 헌신하게 만들 뭔가가 있다면 그것은 환자들이 우리에게
보여 준 애정일 것이다. 뜨거운 가슴과 냉철한 이성으로 세상의 불의에 맞서 분노한다면 우리는
하나다!"

혁명군 막사에서 파이프를
물고 있는 체 게바라

2 알베르토를 만나다

에르네스토는 여러 가지 운동으로 몸을 단련하며 천식을 극복하기 위해 노력했습니다.

자, 받아!

팡!

앗, 너무 빨라!

미안, 너무 셌지?

*태클: 럭비, 미식 축구 등에서 공을 가진 공격수를 저지하기 위해
    수비수가 공격수의 아랫도리를 잡아 쓰러뜨리거나 공을 빼앗는 동작

*보들레르: 19세기 후반 프랑스의 시인. 베를렌, 말라르메, 랭보 등 상징파 시인들에게 큰 영향을 미친 인물

*나환자: 나병을 앓는 환자. 눈썹이 빠지고 살이 썩어 얼굴이 변형되며
눈이 잘 보이지 않게 되는 병이다.

라틴 아메리카의 국가들

아르헨티나의 국기

아르헨티나의 수도 부에노스아이레스 시청

하나 ◀ 아르헨티나

남아메리카 대륙 남부에 위치한 아르헨티나는 체 게바라가 태어난 나라입니다. 남아메리카에서 브라질에 이어 두 번째로 큰 아르헨티나는 16세기 중엽부터 에스파냐의 지배를 받았지요. 국민의 대부분은 유럽계 백인이고, 공용어는 에스파냐어입니다. 아르헨티나는 1810년 5월 독립을 선언하고 임시 정부를 세워요. 그 후 수차례 내전을 거친 뒤 마침내 1816년 7월 9일 완전한 독립을 합니다.

1870년대부터 아르헨티나는 해외 투자자들의 투자와 유럽인들의 이민이 활발해지면서 농업 근대화가 실현되었고, 경제는 꾸준히 성장했지요. 또한 제1·2차 세계 대전 때 중립국의 위치를 지킬 수 있을 만큼 정치적으로도 안정을 이루었어요. 하지만 2002년 국가 부도를 맞았던 아르헨티나는 14년 만에 빚을 갚았지만 여전히 경제적 어려움을 겪고 있습니다.

who? 지식사전

아르헨티나의 정치적 변화를 일으킨 후안 페론

아르헨티나의 대통령, 후안 페론

후안 페론(1895~1974년)은 쿠데타의 성공으로 정계에 진출한 아르헨티나의 정치가예요. 그는 육군 장관과 노동 장관으로 동시에 일하면서 노동 조건을 개선하고 임금을 인상하려고 노력했어요. 덕분에 노동자들에게 큰 인기를 얻어 1946년에 대통령이 될 수 있었습니다. 그러나 대통령이 된 후안 페론은 독재 정치를 펼쳤어요. 이후 혁명군에게 정권을 빼앗기고 해외로 추방되었지요. 하지만 국민들은 다시 후안 페론을 그리워했어요. 과거에 그가 펼치려 했던 노동 정책에 대한 희망을 버릴 수 없었기 때문이지요. 결국 페론은 아르헨티나로 다시 돌아오게 됩니다. 그리고 1973년에 다시 대통령에 선출되지만 건강이 나빠져서 이듬해 7월에 사망합니다. 그에게 걸었던 국민들의 희망도 물거품이 되었지요.

태평양과 안데스산맥 사이에 있는 칠레는 땅이 남북으로
가장 긴 나라입니다. 유목 생활을 했던 여러 인디오 부족들이
칠레에 정착하면서 칠레의 역사가 시작되었어요.
몇몇 부족은 매우 발달된 농업과 화려한 문명을
꽃피웠습니다. 멕시코 중앙 고원에서 발달한 '아즈텍 문명',
고대 멕시코 및 과테말라 지역에서 발달한 '마야 문명', 또
'잉카 문명'이 칠레의 역사와 함께 했답니다.
칠레는 16세기 초까지 잉카 제국의 영토였습니다. 1520년
에스파냐의 항해가 마젤란에 의해 칠레의 북부가
발견되고, 1540년 에스파냐 발디비아 장군을
시초로 칠레는 270여 년 동안 에스파냐의 지배를
받게 됩니다.
1810년 9월 18일, 독립을 선언한 칠레는 민주
공화국의 길을 걷다가 경제가 어려워지자
사회주의로 돌아서기도 했어요. 17년 동안 군사
정권으로 인해 고통을 겪은 후 1989년에 민주화
운동이 성공하여 군사 정권을 끝낼 수 있었답니다.

칠레의 국기. 칠레의 정식 명칭은 '칠레 공화국'
입니다. ⓒ GcG

멋진 경치와 다양한 야생동물이 살고 있는 토레스 델 파이네
국립공원. 칠레는 북부, 중부, 남부에 따라 기후의 특성이
다릅니다.

인류 최초, 지구 일주 항해가 '페르디난드 마젤란'

페르디난드 마젤란(1480~1521년)은 인류 최초로 배를 타고 지구를 한 바퀴 돈 항해가예요.
'마젤란 해협', '태평양', '필리핀', '마리아나 제도'라는 이름은 모두 마젤란이 항해하면서 지은
거랍니다. 포르투갈 하급 귀족 출신인 그는 포르투갈 왕을 위해 무역업에 종사했어요. 그런데
아프리카의 모로코에서 무어인과 한 거래가 왕의 의심을 사게 되자 마젤란은 포르투갈과 인연을
끊고 에스파냐로 건너갔습니다.
에스파냐의 항해가로 살게 된 마젤란은 아르헨티나와 우루과이 사이를 흐르는 라플라타강이
해협이 아니라 강이라는 사실을 밝혀냈어요. 또 그는 태평양을 작은 바다인 줄 알고 항해하다가
3개월 넘게 바다에 머물기도 했답니다.

지구가 둥글다는 것을 증
명한 페르디난드 마젤란

통합 지식 ➕ 2

셋 쿠바

쿠바는 19세기까지 에스파냐의 식민지였습니다.
17~18세기에 해방을 위해 투쟁했지만 성공하지는 못했어요.
19세기 말, 호시탐탐 쿠바를 노리던 미국이 들어오게
됩니다. 당시 쿠바 국민은 에스파냐와 독립 전쟁을 벌이고
있었어요. 결국 에스파냐는 이 전쟁에서 지고, 미국은
쿠바에 군사 정권을 세웁니다. 뿐만 아니라 미국은 쿠바의
경제까지 손에 넣지요.
이러한 상황에서 정치가들은 부패와 독재를 일삼습니다.
특히 두 차례나 쿠데타를 일으켜 대통령에 오른 바티스타는
최악의 정치가였어요. 그의 악행은 1959년 체 게바라와
피델 카스트로의 혁명군에 의해 끝나게 됩니다. 체 게바라의
혁명으로 피델 카스트로가 정권을 잡은 이래 쿠바는 지금까지
사회주의의 길을 걷고 있어요.

쿠바의 국기. 체 게바라는 쿠바 혁명을 일으켜 쿠바의 독립을 돕습니다.

피델 카스트로. 라틴 아메리카의 혁명 지도자로서 쿠바의 총리(1959~1976년)가 됩니다.

넷 볼리비아

볼리비아는 남아메리카의 나라들과 마찬가지로 에스파냐의
지배를 받았습니다. 에스파냐의 지배를 받은 시기는
1532년부터 1825년까지였어요. 이 긴 식민지의 역사를 끝낸
인물은 '볼리바르'라는 독립운동가예요. '볼리비아'라는 나라
이름 역시 볼리바르의 이름을 따서 지은 거지요. 볼리비아는
수도가 두 개인데 헌법상의 수도는 '수크레'이고, 정부와
국회가 있는 행정 수도는 '라파스'입니다.
볼리비아는 1981년까지 군사 정변이 200번이나 일어날
정도로 정치가 불안한 나라였어요. 체 게바라가 볼리비아에서
혁명군으로 활동했던 1967년에도 상황은 크게 다르지
않았지요. 하지만 최근 30여 년간 정치적 안정을 찾아 민주
공화국의 길을 걸으며 평화로운 시대를 열어 가고 있답니다.

볼리비아의 국기. 안데스 지역 최고의 문명지로 잉카 제국의 영도였습니다.

브라질의 정식 명칭은 '브라질 연방 공화국'입니다. 칠레,
에콰도르를 뺀 모든 남아메리카 대륙의 나라와 국경선을
접할 만큼 남아메리카에서 가장 넓은 나라예요. 세계에서도
러시아·캐나다·미국·중국에 이어 제5위에 이를 만큼 넓은
땅을 갖고 있어요. 또한 브라질은 라틴 아메리카에서는
유일하게 포르투갈의 식민지에서 벗어난 나라이지요.
1534년부터 포르투갈의 지배를 받은 브라질은 1822년
포르투갈 왕가를 받드는 왕국으로서 독립했어요. 국민의
대부분은 백인으로 가톨릭 교도이고, 포르투갈어를
사용합니다.

브라질 북부에는 7,000킬로미터나 되는 아마존강이
흐르고 있어요. 세계에서 가장 긴 강이며, 강물의 양도
세계 최고랍니다. 강 유역에는 전 국토의 45퍼센트에
해당하는 넓은 저지대가 펼쳐져 있어요. 이곳에서는
사탕수수, 커피 같은 농작물이 많이 생산되는데, 이
농작물들은 브라질 경제를 지키는 버팀목이랍니다.

브라질의 국기. 브라질은 남아메리카에서 가장 넓
은 면적을 자랑합니다.

지구의 허파라고 불리는 아마존은 세계에서 가장 넓고,
다양한 생물이 사는 열대 우림입니다. ⓒ Neil Palmer

who? 지식사전

세계 최대의 폭포, 이구아수

브라질과 아르헨티나의 국경에는 너비 4.5킬로미터, 평균 낙차 70미터에 달하는
거대한 폭포가 있어요. 바로 이구아수 폭포입니다.
세계에서 가장 큰 폭포로 알려진 이 폭포는 아르헨티나, 브라질, 파라과이에 걸쳐
흐르는 이구아수강과 파라나강의 물줄기가 만나는 지점에서부터 36킬로미터
위쪽에 있어요. 섬들과 암석 때문에 폭포는 20여 개의 줄기로 갈라집니다.
물의 빛깔은 갈색에 가까워요. 이구아수 폭포는 브라질과 아르헨티나가 함께
국립 공원으로 정해 보호하고 있어요. 폭포는 물론 삼림과 계곡이 아름다워
남아메리카의 최고 관광지로 손꼽힌답니다.

이구아수 폭포. 이구아수는 그 지역 원주
민의 언어로 '큰 물' 혹은 '위대한 물'이라
는 뜻이 있습니다. ⓒ Luca Galuzzi

3 운명의 여행

에르네스토는 알베르토가 일하는 나환자 병원에서 환자와
그 가족들의 삶을 보며 어렵게 살아가는 민중의 생활을
제대로 알게 되었습니다.

수고했어.

형이 더 고생이지. 참, 저기
나환자 중에 검은 머리
여자애 있잖아.

아, 그 머리
긴 아이?

응, 얘기를 해 봤는데,
참 순수한 것 같았어.

에르네스토는 산프란시스코데차나르를 떠나 부에노스아이레스로 돌아왔습니다.

그런 가운데서도 책을 손에서 놓지 않았습니다.

에르네스토는 공부도 운동도 더 열심히 했습니다. 그 결과 1951년 학기말 시험을 통과하고 학교에서 인정받게 되었습니다.

시험에 통과했어!

그 어려운 시험을 단번에 통과 하다니 역시 너 답다.

축하해, 에르네스토.

학기말 시험을 통과한 걸 축하하네.

감사합니다, 피사니 교수님.

좋은 성적을 거뒀다고 학장님과 교수님들 사이에서 칭찬이 자자하더군.

최선을 다했을 뿐입니다.

내가 함께 연구하자고 했던 말, 잊지 않았겠지?

네, 기억하고 있어요.

자네를 눈여겨보고 있다는 걸 명심하게.

네, 교수님.

1951년 10월 17일, 에르네스토는 알베르토가 있는 코르도바에 갔습니다.

정말 미친 듯이 공부하고, 운동하면서 보냈어. 그런데도 너무 따분하더라고.

하하. 그 심정 알 것 같아.

나환자 병원을 다녀온 이후로 모든 게 그래. 반복적인 일상들이 재미없게 느껴져. 형도 그래?

응, 나환자 병원을 그만두고 다른 병원에 가 봤지만 말이 의사지 대우도 형편없더라고.

난데없이 여행이라니?

코르도바에서 칠레까지 가는 아주 긴 여행이 될 거예요.

우리 아들을 이 여행에 끌어들였으니 두 가지는 반드시 지켜야 한다.

네, 말씀하세요.

첫째, 에르네스토가 의사 자격시험을 보기 전까진 꼭 돌아와야 해.

네, 어머니.

둘째, 무슨 일이 있어도 절대 에르네스토의 흡입기를 잃어버려선 안 된다. 알겠니?

네, 명심하겠습니다.

수리비를 냈더니 여행 경비가 바닥났어.

언제 우리가 두둑한 주머니 믿고 여행했나? 없으면 없는 대로 가야지.

그건 그렇지만 급한 일이라도 생기면 어쩌나 싶어서.

뭐, 그건 그때 가서 생각하자.

하하, 그래. 이럴 때 보면 정말 낙천적이라니까.

그럼 오늘 밤은 여기서 쉬고, 내일 일찍 떠나자.

그래, 형

그날 밤, 에르네스토의 천식이 더욱 심해졌습니다.

안 되겠어. 저기서 잠시 쉬자, 에르네스토!

쿨럭쿨럭, 쿨럭쿨럭……

체 게바라

라틴 아메리카의 고대 문명

하나 잉카 문명

잉카 제국의 제1황제 만코 카팍의 동상

잉카 제국은 남아메리카의 안데스 지역을 다스렸던 고대
제국입니다. 오늘날 에콰도르와 칠레, 아르헨티나, 페루와
볼리비아 등에 해당되는 지역이 잉카의 땅이었지요.
잉카 제국을 세운 잉카족의 기원은 확실하지 않아요. 16세기에
잉카를 정복한 에스파냐 사람들이 채집한 신화에 따르면 만코
카팍이 1200년 무렵에 자신의 부족을 이끌고 페루 남쪽의
고원인 쿠스코에 터를 잡았다고 해요. 그는 태양의 아들이자
잉카 제국 초대 황제로 여겨졌습니다.
잉카 제국은 농업 문화가 발달해서 고원에 계단밭을 일구어
옥수수, 감자, 땅콩 등을 재배했어요. 또한 직물, 금세공
기술도 뛰어났지요. 하지만 잉카 문명의 으뜸은 건축과 토목
기술이에요. 공중 도시 마추픽추는 잉카족의 우수한 건축
기술을 말해 준답니다.

잉카 제국은 태양신
인티를 최고의 신으로
숭배했습니다. ⓒ Orionist

who? 지식사전

아르헨티나와 칠레 사이의
안데스산맥 ⓒ Robert Morrow

남아메리카의 고대 문명, 안데스 문명

안데스 지역은 태평양 연안을 따라 수천 킬로미터나 뻗어 있는 해안 사막 지대와
안데스산맥 일대를 가리켜요. 에콰도르, 페루, 볼리비아, 칠레, 아르헨티나 등이 이곳에
속해 있지요. 이 지역에서 발달한 문명을 '안데스 문명'이라고 합니다. 16세기에
에스파냐가 이 지역을 정복하기 전에 발전했던 원주민의 문명이지요. 이 고대 문명은
기원전 1000년 무렵에 싹트기 시작했습니다. 도시, 예술, 농업 등이 발전하며 우수한
문화가 생겨났는데, 문자는 발견되지 않았어요. 가축으로 라마나 알파카를 사육했고,
옥수수, 담배, 감자, 고구마 등을 재배했습니다. 사막과 높은 산이라는 무척 대조적인
지형을 가진 안데스 지역에는 왕국이 무척 많았어요. 그 왕국들을 통합하고 세운 국가가
바로 '잉카 제국'입니다.

둘 쿠스코

페루 남부 쿠스코주에 있는 '쿠스코(케추아어로 '배꼽'을
뜻함)'는 페루에서 가장 인기 있는 도시로 손꼽힙니다.
인구가 43만 명쯤 되는 이곳은 안데스산맥에 있지요.
잉카 신화에 의하면 티티카카호에서 태어난 만코 카팍과
그의 누이 마마 오클로가 1200년 경 쿠스코를 세웠다고
하지만 사실 쿠스코는 8세기경에 이미 거주지가 형성된
곳이었습니다. 쿠스코가 잉카 제국의 수도로 성장한 것은
1438년 만코 카팍의 18대손인 파차쿠티 왕 때로, 잉카족이
다스리던 시절에는 1백만 명이 살기도 했지요.
1533년 에스파냐의 지배를 받게 된 후로 쿠스코의
건축물에는 에스파냐의 흔적이 남아 있답니다. 에스파냐는
잉카의 사원, 궁전을 파괴하고 교회, 수도원, 성당, 대학
등을 건설했어요. 지금 남아 있는 건축물 대부분이 잉카
전통 건축 방식에 에스파냐의 영향이 융합된 건물이지요.
이후 쿠스코는 안데스에서 에스파냐 식민지와 기독교
포교의 중심이 되었고, 농업, 목축, 광업과 에스파냐와의
무역으로 성장을 이루었습니다.

1438년 즉위한 제9대 황제 파차쿠티에
의해 쿠스코는 제국 수도로서의 위상이
확립되었습니다.

잉카 시대 태양 신전으로 사용한 코리칸차. 에스파냐는
이곳의 일부를 허물고 산토도밍고 교회를 세웠습니다.

가장 크고, 가장 높이 있는 호수, '티티카카호'

볼리비아 쪽에서 바라본 티티카카호
© Skykid 123ve

잉카 문명의 발상지인 티티카카호는 페루와 볼리비아의 국경 지대에 있습니다.
안데스산맥의 알티플라노 고원 북쪽에 자리하고 있지요. 가장 깊은 곳의 수심이
281미터에 달하는 남아메리카에서 가장 큰 담수호로 세계에서 가장 높은 곳에
있는 호수이기도 해요. 티티카카호의 물은 산지에서 흘러내리는 작은 하천들이
모여서 이루어졌는데 신비로운 점은 티티카카호의 수온이 1년 내내 거의 11도를
유지한다는 거예요.
호수 주변에는 원주민들의 생활에 큰 영향을 미치는 '토토라'라는 갈대가 자라고
있어요. 원주민들은 이 토토라로 '갈대배'를 만들어 티티카카호를 건너다닌답니다.

마추픽추는 잉카 제국의 고대 도시입니다. '마추픽추'라는 이름은 케추아어로 '나이 든 봉우리'라는 뜻이에요. 이름처럼 페루의 우루밤바 계곡 지대 해발 2,430미터의 높은 곳에 자리하고 있지요. 산 아래에서는 보이지 않고 공중에서만 보여서 '공중 도시'라는 별명이 붙었답니다.

마추픽추는 1911년 미국의 고고학자인 하이럼 빙엄이 발견했어요. 마추픽추의 기원은 잉카족이 에스파냐의 공격을 피하기 위해 세운 것이라는 이야기도 있지만, 100년이 훨씬 지난 지금도 어떤 용도로 사용되었는지, 건설한 시기가 언제인지 명확하게 밝혀지지 않았답니다. 그럼 마추픽추가 잉카 최대의 유적지로 꼽히는 이유는 무엇일까요? 바로 열대 산악림 가운데에서 놀라울 정도로 아름다운 절경을 자랑하기 때문이에요. 산비탈을 계단식으로 깎아 계단밭을 꾸민 농경 문화, 구리를 제련해서 쓸 만큼 발전했던 제련 기술, 머리카락 한 올도 들어갈 틈 없이 돌을 쌓은 건축 기술 등이 녹아 있지요. 그리하여 마추픽추는 1983년 유네스코 세계 문화유산으로 선정되었답니다.

잉카 제국의 공중 도시, 마추픽추
© James Wilson

who? 지식사전

유네스코의 깃발

유네스코란?

1946년 유엔(국제 연합)은 교육·과학·문화의 보급 및 교류를 통하여 국가 간의 협력을 북돋는다는 목적으로 '국제 연합 교육 과학 문화 기구(United Nations Educational, Scientific and Cultural Organization)'라는 전문 기구를 세웠어요. 이 기구가 바로 '유네스코(UNESCO)'입니다. '유네스코'라는 이름은 기구의 이름을 형성하는 각 낱말의 앞 글자를 조합해서 만든 거예요. 유네스코는 전 세계에 걸쳐 문맹 퇴치, 난민 교육 등의 일을 하며 세계 유산의 보호에도 힘쓰고 있어요. 그래서 세계 각국의 빼어난 자연 경관이나 역사적 가치가 있는 문화유산을 유네스코의 이름으로 지정해 보호하고 있답니다. 유네스코에는 현재 195개국이 가입되어 있어요. 우리나라는 1950년에 가입했습니다.

넷 〈 추키카마타

추키카마타는 안데스산맥의 해발 고도 3,000미터인
높은 곳에 자리하고 있습니다. 해마다 50만 톤에
이르는 구리가 생산되는 곳으로 세계 최대의 구리
광산 가운데 하나예요.

추키카마타를 거대한 구리 광산으로 개발한 곳은
미국의 회사입니다. 이 회사는 1915년에 질산 토양으로
가득하고 세계에서 가장 건조한 곳인 추키카마타를
광산 도시로 개발했어요. 1969년에 이르러서야 광산의
주인은 칠레로 바뀌었답니다.

남아메리카 여행 중 이곳에 들렀던 체 게바라는 열악한
환경에서 일하는 노동자들의 피와 땀을 보고 외국인
자본가들에게 증오를 느끼게 됩니다. 추키카마타는 체
게바라가 혁명가의 길을 걷게 된 계기를 마련해 준 곳이지요.

칠레 북부에 있는 추키카마타 ⓒ Tennen-Gas

다섯 〈 이스터섬

칠레 서쪽 남태평양에 있는 이스터라는 섬은 1722년
네덜란드 탐험가인 J. 로게벤이 발견했습니다. 마침 섬을
발견한 날은 부활절(이스터 데이)이어서 섬의 이름을
'이스터'라고 지었지요.

약 5,800명 남짓한 사람이 살고 있는 이곳은 대부분
초원이에요. 그래서 양과 소를 주로 길렀답니다. 이 섬에
처음으로 살았던 주민을 폴리네시아인이라고 해요.
그래서 폴리네시아 문자, 큰 돌로 쌓은 돌단 '아후',
사람 얼굴 석상 '모아이' 등이 남아 있답니다.
그런데 이것을 누가, 왜 만들었는지는 몰라요.
이스터섬 역시 1995년 유네스코 세계 문화유산으로
지정되었습니다.

이스터섬의 사람 얼굴 석상. 모아이.
ⓒ Nano Anderson

* 고리대금업자: 돈을 빌려주고 부당하게 비싼 이자를 받는 사람

그래서 돈이 없는 사람들은 가난의 굴레에서 벗어나기 힘든 거야.

또 제대로 교육 받지 못한 민중은 돈을 벌 기회를 얻을 수도 없어.

하지만 부자나 권력자들은 손쉽게 더 많은 돈을 벌고 있지.

부자가 있는 곳엔 가난한 민중이 함께 존재해.

세상엔 겉으로 나타난 것 아래 보이지 않는 부분이 있어.

땅이 있는 곳엔 그 땅을 일구느라 허리조차 펴지 못하고 일하는 가난한 사람들이 있어.

부자들은 민중의 피와 땀을 짜낸 돈으로 자신의 배를 불리고 있는 셈이야.

농장 일꾼들 대부분이 인디오잖아. 오랫동안 백인들에게 노동력을 착취당해 왔으니 백인들에 대한 거부감이 큰 게 당연하지.

에르네스토 일행은 농장에서 지내며 대토지 소유 제도 아래서 고통받는 농장 일꾼들의 삶에 대해 생각해 보게 되었습니다.

새벽 다섯 시 인데 벌써 일하세요?

목장 일이 많이 힘드시죠?

......

쳇.

우리와 전혀 얘기하려 하질 않아. 백인을 믿지 않는 거야.

체 게바라의 여행

체 게바라는 살면서 두 번의 여행을 떠납니다. 이 두 번의
여행을 계기로 체 게바라는 평범한 의사에서 혁명가로서의
새로운 삶을 살게 되지요. 그럼 체 게바라의 여행길을
살펴봅시다.

체 게바라(오른쪽)와 그와 함께 남아메리카를 여행
했던 알베르토(왼쪽)

하나 체 게바라의 첫 번째 여행

스물네 살의 체 게바라는 서른 살의 알베르토 그라나도와
1952년 1월부터 7월까지 장장 7개월 동안 라틴 아메리카를
여행했습니다. '힘센 녀석'이라는 뜻의 중고 오토바이
'포데로사'를 타고요.

두 청년은 아르헨티나의 코르도바에서 출발하여 수도인
부에노스아이레스를 비롯한 여러 도시를 여행합니다. 뿐만
아니라 칠레, 페루, 콜롬비아, 베네수엘라 등의 나라를 거치며
많은 것을 보고 느낀답니다.

과테말라에서 체 게바라는 여성 운동가
일다 가데아를 만나 결혼합니다.

둘 체 게바라의 두 번째 여행

체 게바라의 두 번째 여행은 1953년 부에노스아이레스
의과 대학을 졸업한 뒤 친척 카를로스 페레로와 함께 떠난
남아메리카 여행이었습니다. 두 청년이 처음으로 방문한 곳은
볼리비아의 도시 라파스였어요. 이곳에는 혁명 정부에 의한
개혁의 바람이 불고 있었습니다. 하지만 볼리비아의 현실은
조금도 나아지지 않았어요. 여유로운 생활을 즐기고 있는
것은 혁명가들뿐이었습니다. 그 까닭은 혁명가들이 약속을
저버렸기 때문이었어요. 원주민에게 더 나은 삶을 약속한
혁명 정부가 자신들의 배만 불린 것입니다.

볼리비아의 현실에 충격을 받은 체 게바라는 카를로스와의
여행을 끝내고 과테말라로 떠납니다. 과테말라 혁명에
참가하게 된 체 게바라의 두 번째 여행은 그에게 혁명가의
길을 열어 준 중요한 계기가 되지요.

셋   여행에서 느낀 점

첫 번째 여행지였던 칠레의 구리 광산 추키카마타를 둘러본 체
게바라는 미국에 의존해 식민지와 다름없는 상태로 노동력과
자원을 빼앗기고 있는 칠레의 현실을 보게 됩니다. 그러면서
아름다운 풍경 이면에 부당한 현실에 고통받는 사람들이
있다는 것을 알게 되지요.
체 게바라는 노동자들의 현실을 개선하는 것은 물론 그들의
의식을 깨우는 일도 중요하다는 것을 깨닫게 됩니다.
또 땅은 지주의 것이 아닌 그곳에서 일하는 사람들의
것이어야 한다고 주장했습니다. 아파도 돈이 없어 병원에
못 가는 사람들을 보며 세상의 모순과 불합리한 제도에 대해
많은 생각을 하게 됩니다.

칠레의 구리 광산, 추키카마타 ⓒ b1mbo

who? 지식사전

칠레 대통령, 카를로스 이바녜스 델 캄포

카를로스 이바녜스 델 캄포(1877~1960년)는 칠레의 군인이자 정치가예요. 1927년
쿠데타를 통해 대통령이 되었지요. 그는 강력한 독재 정치를 펼쳤어요. 그래서 '칠레의
후안 페론'이라는 별명을 얻었습니다. 그래도 미국에서 많은 차관을 들여와 공공사업을
벌인 덕분에 경제적 번영을 이룩하기도 했어요.
하지만 미국을 포함한 세계 전체의 경제를 뒤흔든 '대공황'의 영향으로 이바녜스는
결국 1931년에 대통령 자리에서 쫓겨납니다.
이후 미국과 아르헨티나에서 망명 생활을 하던 이바녜스는 1938년에 다시 칠레로
돌아와 두 차례에 걸쳐 무장 봉기를 일으켜 정권을 빼앗으려고 하지요. 무장 봉기는
실패하지만 결국 1952년에 선거로 다시 대통령에 오르게 됩니다.

독재 정치를 실시한
카를로스 이바녜스 델 캄포

넷   여행에서 한 일

체 게바라는 첫 번째 여행 중
페루의 산파블로에 머물게
되는데, 산파블로는 나환자들의
거주지였습니다. 나병에 걸린
원주민들이 가족과 헤어지기를

페루의 국기

거부한 채 공동체를 이루며 살고 있었지요. 체 게바라와
알베르토는 이곳에 머무는 동안 직접 환자의 상처를 치료해
주며 그들과 함께 생활했어요. 이 일이 인디오들 사이에
널리 퍼지자 의사로서 체 게바라의 명성은 나날이 높아져
갔습니다.

또 그 시절 사람들은 나병이 쉽게 전염되는 전염병으로
여겼는데 두 청년이 그렇지 않다는 사실을 몸소 확인시켜
주며 큰 신뢰를 얻었답니다.

체 게바라는 혁명 과정에서도 적군을 차별하지 않고 다친
포로들을 치료해 주었고, 가난한 사람들 역시 대가 없이
치료해 주었답니다.

모터가 달린 자전거를 타고 아르헨티나 북부
지방을 여행하고 있는 체 게바라. 22세 때
모습입니다.

who? 지식사전

다양한 인디언 부족

인디언과 인디오의 차이는?

아메리카 대륙은 1492년에 이탈리아의 탐험가 콜럼버스가 발견했어요. 그런데
그는 아메리카를 인도라고 믿었지요. 그래서 아메리카의 원주민을 '인디언(인도
사람이라는 뜻)'이라고 불렀습니다. 그래서 인디언은 남·북아메리카 대륙에
살고 있던 원주민을 뜻하게 되었지요. 그런데 일반적으로 '인디언'이란 말은
북아메리카의 원주민을 가리킬 때 쓰여요. 중앙아메리카와 남아메리카의
원주민에게는 '인디오'라는 호칭을 쓴답니다. '인디오'는 '인디언'의 에스파냐식
명칭인데 라틴 아메리카 지역을 식민지로 다스렸던 에스파냐가 인디언을
인디오라고 부르면서 굳어진 명칭입니다.

체 게바라의 책

체 게바라가 남긴 책으로는 젊은 시절부터 혁명가 시절에
이르기까지 그의 삶과 여행, 혁명가로서의 발자취를 기록한
《체 게바라 자서전》과 볼리비아 혁명에 뛰어들어 남긴《체
게바라의 일기》, 알베르토와 함께 떠났던 첫 여행의 이야기와
감상을 담은《모터사이클 다이어리》등이 있습니다.
일기 형식으로 쓴《모터사이클 다이어리》는 단순한 여행기가
아니에요. 체 게바라는 1951년 12월부터 9개월 동안
라틴 아메리카를 여행하면서 세상의 모순을 발견하고, 장차
자신이 나아갈 길을 깨닫습니다.《모터사이클 다이어리》에는
그의 이 깨달음과 참된 세상을 향한 의지가 담겨 있어요.
이 책은 2004년에 브라질 영화감독 월터 살레스에 의해
영화로 만들어지기도 했어요. 영화의 제목 역시〈모터사이클
다이어리〉입니다.
아르헨티나의 코르도바에서 칠레와 페루, 베네수엘라의
카라카스까지 이어진 체 게바라의 여행을 담은 책과 영화는
현재까지도 많은 사람들에게 큰 감동을 주고 있습니다.

체 게바라의 일기 ⓒ brandbook.de

〈모터사이클 다이어리〉는
2015년에 재개봉했을 정도로
많은 사람에게 감동을 줬어.

브라질 출신의 영화감독, 월터 살레스

브라질 출신인 월터 살레스(1956년~)는 체 게바라의 책《모터사이클 다이어리》를
영화로 만든 영화감독이에요. 그의 대표작은〈중앙역〉입니다. 이 영화로 1998년 베를린
국제 영화제 금곰상을 수상했지요. 나이 든 여인과 어린 소년의 여정을 담은〈중앙역〉은
경제적으로 또 문화적으로 발달하지 못한 나라에서 살고 있는 브라질 국민들의 어려운 삶을
표현했어요. 하지만 이러한 어려움 속에서도 따뜻한 마음을 잃지 않는 주인공의 모습을 통해
관객에게 희망을 선물합니다.
월터 살레스는 다큐멘터리 작가이기도 해요. 그는 문맹인 여성 장기수와 유명한 조각가가
오랜 세월 서로 주고받은 편지를 바탕으로 다큐멘터리를 쓰던 중에〈중앙역〉에 대한
아이디어를 떠올렸어요.

브라질의 영화감독, 월터 살레스
ⓒ Alex de Gaualhe

5 혁명의 불꽃이 피어오르다

포데로사를 뒤로 한 채 트럭을 얻어 탄 에르네스토 일행은 칠레의 발파라이소에 도착했습니다.

그러자!

형, 골목골목 샅샅이 돌아다니자.

체 게바라

펑!

펑!

추키카마타 광산은 약 50미터에 달하는 채굴장들이 수십 킬로미터에 걸쳐 형성되어 있습니다. 그 웅장함을 곧 보시게 될 겁니다.

다음 날, 광산의 관리 책임자인 미국인이 에르네스토 일행을 찾아왔습니다.

이렇게 떨어져 나온 조각들은 분쇄기로 운반돼 광석은 점점 작은 알갱이가 됩니다. 구리는 섭씨 2천 도가 넘는 커다란 용광로에 담기죠.

이곳에서 얼마나 일하셨어요?

10년 넘게 일했습니다.

다른 구역에서도 일한 적 있으세요?

전혀요. 다들 맡은 일만 하지 다른 구역에서 하는 일에 대해선 몰라요.

이곳에 갇혀서 자신이 맡은 구역의 일만 하고 있다니 노동력을 착취당하기 아주 쉽겠어.

중요한 회의가 있을 때마다 나를 비롯한 경영진들은 노동자에게 회의에 참석해 달라고 합니다.

하지만 정해진 인원을 채워 본 적이 없어요.

그건⋯⋯.

게다가 노동자들의 요구는 좀 지나칠 때가 많습니다.

어떻게요?

노동자들이 자기 이익만 생각하고 하루만 파업해도 회사는 100만 달러나 손해를 입어요.

노동자들이 요구하는 금액이 얼마나 됩니까?

100페소니 1달러 정도가 되겠군요.

그럴 수가!

한 사람에겐 1달러지만 회사 입장에선 어마어마한 금액이죠.

⋯⋯.

추키카마타에서 에르네스토의 가슴 속에
뜨거운 불씨가 타오르기 시작했습니다.

칠레의 가장 큰 문제는
누가 대통령이
되는지가 아니야.

미국과 같은
백인들을 어떻게
떨쳐 낼 것인지야.

이대로는 미국의
지배를 받는 거나
마찬가지야.

정의로운 의사가 되겠다던
에르네스토의 마음속에는 가난한
사람들을 위해 살겠다는
신념이 자라기 시작했습니다.

이곳 노동자들의
삶은 너무나 참혹해.

*잉카: 남아메리카 안데스 지대의 페루를 중심으로 문명을 형성한 인디오

거기서 4년 정도 노력해 겨우 농작물을 거둬들일 수 있게 되었어요.

다행히 정착을 하신 거로군요. 그래서 수확은 많이 하셨어요?

그런데 수확도 하기 전에 또 땅 주인이 나타나 몽땅 빼앗아 한 푼도 건지지 못했습니다.

그걸 그냥 참고만 계셨어요?

저런!

우리 같은 힘없는 농부들이 뭘 할 수 있겠어요.

아무런 대응도 못한 채 쉽게 단념해 버리는 모습이 더 마음 아파.

에르네스토와 알베르토는 산파블로 나환자촌에서 환자를 돌보며 지냈습니다. 그들은 나환자들과 스스럼없이 지내며 진정한 우정을 나누었습니다.

비행기의 엔진 고장으로 잠시 들린 미국에서 에르네스토는 이익을 위해 라틴 아메리카를 억압하는 미국의 정치가와 기업가들에 대해 증오의 시선을 보냈습니다.

흑인은 여전히 백인과 같은 권리를 누리지 못하고 있어.

인디언도 마찬가지야. 미국인에게 흑인과 인디언은 그저 구속하고 억압하는 존재일 뿐이야.

1952년 7월 26일 첫 번째 여행을 끝낸 에르네스토는 부에노스아이레스로 돌아와 최선을 다해 공부했고, 몇 달 후 모든 시험을 통과하면서 의학 박사 학위를 취득합니다.

체 게바라에게 영향을 준 인물과 사상

오늘날 체 게바라는 혁명 정신의 상징이 되었습니다.
그런 체 게바라에게 직 · 간접적으로 영향을 준 사람과 사상에
대해 알아봅시다.

사회주의 사상을 펼친 카를 마르크스

하나   카를 마르크스

카를 마르크스의 '마르크스주의'는 체 게바라에게 큰 영향을
끼쳤습니다. 마르크스주의란 '사회주의'를 말하는데, 평등한
세상을 꿈꾸는 체 게바라는 마르크스주의에 공감했습니다.
독일의 경제학자이자 정치학자인 카를 마르크스는 사유
재산을 인정하는 자본주의가 빈부 격차를 만들고, 빈부
격차는 사람들 사이에 계급이 생겨나게 한다고 생각했어요.
그래서 대안책으로 사회주의를 생각해 냈습니다.
카를 마르크스의 생각을 담은 《자본론》은 이후
정치 · 경제 · 사회 전 분야에 큰 영향을 미칩니다.

중국에 공산 정권을 수립한 마오쩌둥

둘   마오쩌둥

체 게바라는 마오쩌둥의 책을 통해 중국인도 강대국에게
노동력을 착취당하는 라틴 아메리카 사람들과 비슷한 처지에
있다는 사실을 알게 됩니다. 그래서 더더욱 자본주의의
종말에 대해 고민하게 되지요.
가난한 농민의 아들이었던 마오쩌둥은 중국의 정치인이자
군인이며, 또 혁명가이자 사상가였습니다. 사회주의

사상을 가진 그는 중화 인민 공화국을 세운 인물로 중국 경제를 회복시켰지만 사회주의에 지나치게 몰두한 나머지 '문화대혁명'이란 사건으로 수백만 명의 희생자를 냈답니다.

쿠바의 혁명 지도자, 피델 카스트로
ⓒ Antonio Milena

셋   피델 카스트로

피델 카스트로는 쿠바 혁명의 지도자입니다. 그는 아바나 대학교에서 법학을 공부하며 정치 활동을 했지요. 1947년 도미니카 공화국의 독재자 라파엘 트루히요 정권을 무너뜨리기 위한 침공에 참여했고, 이듬해에는 콜롬비아 보고타에서 일어난 도시 폭동 사건에 뛰어들기도 했어요. 이후 1953년에 혁명군을 결성하여 쿠바의 독재자 바티스타에 대항하지만 실패했고, 카스트로는 체포됩니다. 1955년 5월 특사로 풀려난 카스트로는 그해 7월, 체 게바라와 운명적으로 만나게 됩니다. 그리고 이들은 게릴라전을 펼치면서 바티스타 정권을 무너뜨리고 카스트로는 쿠바의 총리 자리까지 오릅니다. 이후 카스트로는 미국과 국교를 단절하는 등 라틴 아메리카의 자유와 해방을 위해 힘썼습니다.

쿠바의 독재자, 바티스타

who? 지식사전

기습으로 적을 공격하는 '게릴라 전투'

'게릴라'는 에스파냐어로 '소규모 전투'를 뜻해요. 나폴레옹이 에스파냐 땅에서 전투를 벌였을 때, 에스파냐 사람들의 무장 저항을 '게릴라'라고 부른 데서 비롯됐지요. 게릴라 전술이란 일정한 거처 없이 불규칙적으로 움직이며 기습적으로 적을 공격하는 전법이에요. 정규 군대가 아니어도 이러한 전술을 펼치는 무장 단체라면 누구든 게릴라라고 부릅니다. 게릴라는 보통 소규모의 부대나 민간 무장 단체인 경우가 많아서 조직적인 지휘 체계나 막강한 군사 무기는 없어요. 하지만 그 지역 주민들의 지원이라는 중요한 무기가 있지요. 보통 사람들 틈에 섞여 있다가 공격하고 숨는 전술을 펼치는 게릴라에게 주민들의 지원은 꼭 필요하답니다.

터키의 반군 조직인 '쿠르디스탄 노동 자당(PKK)'의 게릴라 전사 ⓒ James gordon

마르크스주의를 바탕으로 공산주의를 발전시킨
러시아의 정치가, 레닌을 재현하여 만든 실물 모형
ⓒ Ben Sutherland

넷 ⟨ 공산주의와 사회주의

공산주의란 한마디로 '사회의 모든 구성원들이 재산을
공동으로 소유하는 사회 제도'를 말합니다. '공산(共産)'의
한자어를 풀이하면 '함께 소유하고 생산한다'는 뜻으로
개인이 사유 재산을 갖는 것을 허용하지 않아요.
사유 재산을 인정하지 않는다는 점은 사회주의도
마찬가지이지만 두 사상은 비슷하면서도 조금 다릅니다.
사회주의는 공산주의를 포함하는 넓은 개념이에요.
공산주의는 공동 생산과 공동 분배 같은 경제적인 면에
초점을 맞춘 경제 체제 쪽에, 사회주의는 사회 전체의
행복과 평등을 목적으로 하는 정치 사상 쪽에 가깝다고 말할
수 있습니다.
우리나라는 사유 재산을 허용하는 자본주의 국가입니다.
자본주의는 경제 체제로 공산주의와 비교할 수 있는
개념이지요. 또한 우리나라는 국민이 주인인 민주주의
국가입니다. 민주주의는 경제 체제가 아니라 정치
사상이에요. 곧 사회주의와 비교할 수 있는 개념입니다.

who? 지식사전

북한의 수도 평양에 있는 주체사상 탑
ⓒ Martyn Williams

사회주의를 표방한 '북한'

북한은 제2차 세계 대전 후에 소련(옛 러시아)이 한반도를 점령하면서 1948년 9월
9일 한반도 북쪽에 세워진 나라예요. 남한과 군사 분계선을 사이에 두고 있지요.
북한의 공식 명칭은 '조선 민주주의 인민공화국'입니다. 하지만 나라 이름과는 달리
북한은 사회주의 체제에 가까워요. 북한의 지도 이념은 '주체사상'인데, 북한의 전
지도자 김일성이 1967년 12월 최고인민회의에서 "스스로 나라를 지키고, 정치와
경제에서 자립한다."라고 발표하며 정치 · 외교 · 경제 · 사회 등 모든 분야에
영향을 주지요. 주체사상은 독재자였던 김일성의 지배 체제를 강화하기 위한
방침이었답니다.

다섯 카를 마르크스의 《자본론》

카를 마르크스는 1867년에 《자본론》이라는 책을 세상에
내놓았습니다. 이 책은 당시 대표적인 자본주의 국가였던
영국 사회를 분석하며 자본주의의 단점을 꼬집었어요.
총 3권이 출판되었는데, 제2권과 제3권은 마르크스의 친구인
프리드리히 엥겔스가 마르크스의 원고를 정리해서 펴낸
거예요. 마르크스는 1권을 발표한 뒤 세상을 떠났습니다.
《자본론》은 1권 《자본의 생산 과정》, 2권 《자본의 유통 과정》,
3권 《자본제적 생산의 총과정》으로 구성되어 있습니다.
마르크스는 《자본론》에서 자본주의는 문제가 너무 많아 곧
무너질 거라고 말했어요.
당시 영국에서는 아주 값싼 임금으로 어린아이들까지
일을 시키고 있었어요. 그러나 그렇게 열심히 일을
했는데도 불구하고 노동자들 앞에 놓인 것은 굶주림과
가난뿐이었습니다. 마르크스는 그 원인이 자본주의에
있다고 말했어요. 그는 자본주의가 빈부 격차를 일으켜서
가진 사람은 더 많이 갖게 되고, 가지지 못한 사람은 더
가난하게 된다고 했답니다.

카를 마르크스의 《자본론》. 1867년에 초판이
발행되었습니다.

카를 마르크스의 동반자 '프리드리히 엥겔스'

독일의 사회주의자인 프리드리히 엥겔스(1820~1895년)는 부유한 공장 주인의
맏아들이었어요. 시와 평론 등을 신문에 발표하기도 하고, '자유'라는 청년 모임에서 철학과
종교를 논하는 일을 즐겼지요. 그는 1842년 군 복무를 마친 뒤 아버지가 관계하던 공장에
입사하기 위하여 영국의 맨체스터로 떠납니다. 그리고 가던 길에 쾰른의 《라인 신문》
편집소에서 카를 마르크스를 처음으로 만나지요. 이후 엥겔스는 영국에서 지내면서
자본주의를 분석하고 연구하는 일에 관심을 갖습니다. 또한 마르크스와 뜻이 맞아 두
사람은 가까운 친구가 되지요. 엥겔스는 1848년 2월에 마르크스와 함께 《공산당 선언》을
발표합니다. 마르크스와 함께 사회주의 사상을 퍼뜨리는 데 이바지한 엥겔스는 마르크스의
참된 동반자였어요.

프리드리히 엥겔스

6 혁명가의 탄생

목표하던 학위를 취득했지만 에르네스토의 마음속에는 새로운 꿈이 자랐습니다.

아직 내가 가 보지 못한 곳이 많아. 일을 시작하기 전에 다시 여행을 떠나야겠어.

에르네스토는 대학을 졸업하고 얼마 후 친척인 카를로스 페레로와 함께 두 번째 남미 여행을 떠났습니다.

꼭 가야만 하니? 천식이 재발할까 걱정이다.

어머니, 너무 걱정 마세요. 제가 바로 알레르기 분야의 전문가잖아요.

볼리비아의 혁명가들은 어리석은 민중을 속여 자신의 배만 채우고 있어.

이곳엔 진정한 혁명도, 혁명가도 없는 게 확실해.

1953년 7월 26일, 쿠바섬에서 스물일곱 살의 피델 카스트로 루스라는 혁명가가 학생들과 함께 산티아고의 몬카다 병영을 습격한 사건이 발생했습니다.

돌격하라!

가자!

에르네스토 일행은 볼리비아의 혁명가들을 만나기 위해 찾아갔습니다.

땅을 나눠 준다더니.

언제 받을 수 있을까?

대체 이 많은 사람들이 왜 온 겁니까?

땅 때문이오!

혁명 정부가 땅을 나누어 주기로 약속했어요.

그런데 차일피일 미루고 있어서 이렇게 찾아오게 된 겁니다.

땅을 달라!

혁명 정부가 땅을 주겠다고 약속하고 안 준 거로군.

겉만 번지르르하게 포장한 모양이야.

윽! 이게 뭐지?

이건 살충제야!

어떻게 정부가 국민에게 살충제를 뿌릴 수가 있지!

볼리비아의 혁명 정부는 개혁의 의지가 전혀 없어!

정부는 단지 군중을 이용하려고 형식적인 구호를 내걸었을 뿐이라고!

그런데도 사람들은 아무런 항의도 하지 않고 있어.

저렇게 묵묵히 살충제를 맞고 있는 것이 저들이 할 수 있는 유일한 항의니까.

빛이 보이지 않아. 이대로라면 볼리비아의 미래는 절망적이야.

*좌익: 급진적이거나 사회주의적, 공산주의적인 경향. 또는 그런 단체

처음엔 믿지 않았지만 지금은 당신이 열정적인 혁명가라는 걸 알아요.

당신에게 소개시켜 줄 분들이 있어요.

일다는 에르네스토에게 페루의 *망명객들 뿐 아니라 쿠바의 반정부 세력들을 소개해 주었고, 이를 계기로 그는 본격적인 혁명가로서의 길을 가게 되었습니다.

그런 과정에서 에르네스토와 일다는 인생의 동반자가 됩니다.

*망명: 정치적, 종교적, 인종적인 박해 등의 이유로 다른 나라에 보호를 요청하는 것

체 게바라는 아메리카를 위해 인디오의 편에서 싸울 것을 다짐했습니다.

나 또한 이들과 함께 억압받고 힘없는 사람들을 위해 싸우겠어. 소외되고 가진 것 없는 사람들의 편이 될 거야!

1954년, 과테말라에서 *군사 정변이 일어났습니다.

미국을 위협하는 아르벤스 정부를 두고 볼 수 없다!

아르벤스 정부를 몰아내라!

탕탕!

아악!

아악!

뭐라고!

헉!

아르벤스 정부에 반대하는 군사 정변이 일어났어요.

*군사 정변: 권력을 위해 군사상의 힘을 빌려 정권을 빼앗는 일

체 게바라

우리는 라틴 아메리카 민중을 해방시켜야 하는 사명을 가졌습니다. 그러기 위해선 저들과 대응할 만한 힘을 가져야 해요.

제 생각도 같습니다. 세계의 모든 민중이 주인이 되는 세상을 만드는 것이 꿈입니다.

내가 이 길을 가는 이유도 그거요. 진정한 동지를 만난 것 같아 정말 감격스럽소.

쿠바에는 밀짚으로 지붕을 얹고 점토로 지은 오두막이 20만 호에 달하고, 시골과 도시의 40만 가구 이상이 비위생적인 움막에서 살아가고 있소.

또 아이들은 구걸해서 겨우 살아가고 있지.

그럴 수가!

쿠바는 바티스타의 독재로 고통받고 있소. 나의 목표는 바티스타 정권을 무너뜨리는 것이오.

네.

곧 보트 한 대를 무장시켜 쿠바에 가려고 하오.

피델은 직접 무기를 들고 싸워 온 혁명 전사야! 그에 비하면 나는 너무나 보잘것없지만, 그와 함께 쿠바에 가고 싶어!

카스트로는 바티스타가 보낸 비밀경찰의 눈을 피해 체 게바라 집에 들러 계획을 의논했습니다.

쿠바에서 태어나지 않았지만 라틴 아메리카 사람으로서 혁명에 동참하겠습니다.

당신 역시 쿠바로 함께 가고 싶겠지만 아이를 가진 몸이오. 지금은 아이만 생각해 줘요.

알아요.

고맙소.

체 게바라와 혁명

의과 대학을 졸업한 뒤, 체 게바라는 가 보지 못한 여러 나라를 여행하면서 혁명의 탈을 쓰고 악행을 저지르는 혁명가들을 보게 됩니다. 그들로 인해 다시 고통받는 민중을 보며 체 게바라는 진정한 혁명가가 되기로 다짐합니다.

쿠바 혁명이 끝난 후 아바나 거리를 걷고 있는 체 게바라

하나   **쿠바 혁명**

에스파냐의 식민지였던 쿠바는 에스파냐로부터 독립하지만 미국의 영향력 아래 놓입니다. 쿠바의 토지 대부분이 미국 자본과 쿠바의 대지주들에게 집중되었고, 국민 대다수는 가난에서 벗어날 수 없었지요. 정치가들은 부정과 독재를 일삼았고, 타락한 정권에 대항해 민중이 일어나도 미국이 끼어들어 시위의 불길을 꺼 버렸어요. 그러나 피델 카스트로를 선두로 쿠바 혁명이 시작됩니다. 이후 체 게바라가 합류하면서 혁명의 불길은 활활 타오르지요. 1956년 12월 체 게바라와 카스트로 일행은 그란마호를 타고

who? 지식사전

에스파냐의 국기

라틴 아메리카를 지배한 '에스파냐'

에스파냐는 유럽의 남서쪽 끝 이베리아 반도에 위치한 나라예요. 본래 그 지역에는 많은 소왕국들이 있지요. 이 소왕국들은 8세기 초부터 이슬람 세력에 지배당했는데, 국토 회복 운동을 벌여 이슬람의 손아귀에서 벗어날 수 있었어요. 국토 회복 운동을 성공으로 이끈 카스티야 왕국과 아라곤 왕국은 1479년에 하나가 되었습니다. 1492년은 콜럼버스가 아메리카를 발견한 해입니다. 콜럼버스는 이사벨 1세의 지원으로 항해에 성공할 수 있었어요. 덕분에 에스파냐는 아메리카에 식민지를 건설하는 데 이점을 얻을 수 있었지요. 식민지 건설에 성공한 에스파냐는 강대국으로 성장했습니다.

쿠바에 상륙해 1959년에 혁명을 달성하였습니다.
이후 쿠바의 정권을 잡은 피델 카스트로는 미국과 국교를
단절하고 사회주의 혁명을 실천해 나갑니다.

둘 끝나지 않은 혁명

피델 카스트로와 함께 쿠바 혁명에 성공한 체 게바라는 쿠바의
2인자가 됩니다. 카스트로의 신임을 얻어 국립은행 총재, 공업
장관 등을 역임하며 쿠바의 두뇌로 불린 그는 1965년 4월 돌연
쿠바의 모든 공직에서 물러나지요.
쿠바 혁명만으로 세상의 모순을 끝낼 수 없다고 생각했기
때문이에요. 그래서 그는 아프리카 콩고로 떠납니다. 그러나
콩고 좌파 세력들이 쿠바인 철수를 요구하는 바람에 별 성과
없이 돌아서야 했어요.
1966년 체 게바라는 볼리비아의 혁명에 뛰어듭니다.
볼리비아는 남아메리카의 한가운데에 위치하고 있어 볼리비아
혁명에 성공하면 라틴 아메리카 전체의 혁명에 성공할 수
있다는 꿈에 부풀지요. 그러나 산악 지대에서 게릴라 부대를
조직하여 활동하던 때인 1967년 10월 체 게바라는 정부군에게
잡혀 곧바로 총살당하고 맙니다.

체 게바라 동상 ⓒ kudumomo

공산주의 정권이 무너진 '콩고'

아프리카 대륙의 중서부에 있는 콩고는 본래 아프리카 대륙의 왕국이었어요.
콩고의 존재는 1414년에 포르투갈 사람에 의해 처음 알려졌어요. 이후 프랑스가 이
지역에 손을 뻗치면서 오늘날의 콩고로 변해 갑니다. 프랑스는 1902년에 이 지역을
프랑스의 식민지로 삼고, 이듬해 이곳을 '중앙 콩고'라고 부르지요.
프랑스의 지배를 받던 중앙 콩고는 1958년에 자치 공화국을 선언하고 나라 이름을
'콩고 공화국'으로 고칩니다. 이 콩고 공화국이 지금의 콩고입니다. 콩고는 1960년
8월 15일에 프랑스로부터 완전히 독립합니다. 이후 콩고는 오랫동안 공산주의
정권이 지배했는데, 1992년에 민주주의 정부가 들어섰어요.

콩고의 국기

체 게바라의 도시, 산타클라라

쿠바 중부 비야클라라에 있는 산타클라라는 산호암으로
이루어진 도시입니다. 산타클라라는 체 게바라의 도시로
알려진 곳이지요. 그는 이곳 전투에서 승리하면서 명성을
얻었어요. 또한 이 승리로 체 게바라의 혁명군은 혁명 전쟁의
승기를 잡게 됩니다.

쿠바를 상징하는 체 게바라의 기념관도 바로 이곳
산타클라라의 작은 언덕에 자리 잡고 있지요. 기념관에
가면 검은 베레모를 쓰고 총을 들고 있는 체 게바라의
동상을 만날 수 있어요. 기념관 아래에는 체 게바라의
무덤과 그와 함께 볼리비아로 떠났던 혁명 동지들의
시신도 안치되어 있답니다.

산타클라라 전투를 마친 뒤의 체 게바라

쿠바의 수도, 아바나

쿠바의 수도 아바나는 카리브해에 자리하고 있어 휴양지로도
유명한 도시입니다. 항구 도시이기도 한 아바나는 구시가와
신시가로 나뉘어요. 구시가는 무역항이자 어업 기지의
역할을 하고 있지요. 구시가에는 에스파냐 식민지 시대
때부터 좁은 거리를 지켜 온 상점들이 늘어서 있는데
예전처럼 소비가 활발하지는 않아요. 바둑판 모양으로
정리된 신시가는 현대적인 고층 건물과 고급 호텔을
갖추고 있어요. 쿠바 혁명 전에 지은 고급 주택들은 학교,
공공건물, 공동 주택 등으로 쓰이고 있습니다.

1519년에 건설된 아바나는 에스파냐의 식민 통치 기지로
쓰였어요. 1898년 2월에는 이곳에서 미국과 에스파냐의
전쟁이 벌어지기도 했습니다. 쿠바 혁명 이후에는 혁명
정부의 본부 역할을 했지요. 아바나는 한마디로 쿠바의
어제와 오늘을 간직하고 있는 도시입니다.

휴양지로 유명한 쿠바 해변

라틴 아메리카의 혁명

라틴 아메리카는 1492년 콜럼버스가 아메리카를 발견한 이후 300년 넘게 혹독한 식민지 시대를 맞습니다. 에스파냐, 포르투갈 같은 서유럽 국가들의 지배를 받았지요. 이때 프랑스의 식민지 생도맹그에서 흑백 차별에 반대해 혁명이 일어납니다. 바로 '아이티 혁명'이에요. 이 혁명으로 1804년 1월 1일 최초의 흑인 공화국인 아이티가 건설됩니다.

아이티 혁명을 계기로 라틴 아메리카에는 혁명의 불길이 타올라 멕시코, 베네수엘라, 아르헨티나 등 식민지 국가들을 중심으로 독립 전쟁이 일어나지요. 16년이나 이어진 전쟁은 라틴 아메리카의 승리로 막을 내립니다. 독립 전쟁을 지휘한 주체는 라틴 아메리카에서 태어난 백인이었어요.

당시 식민지(라틴 아메리카) 출신 백인들은 본국의 백인들이 사회 지도층을 독차지하는 것에 불만을 품고 독립 전쟁을 일으켰어요. 독립 전쟁에서 승리한 뒤 식민지 출신 백인들은 상류층으로 신분 상승을 이루었지만 전쟁에 참여한 많은 원주민과 흑인 노예들의 삶은 달라지지 않았습니다.

아이티의 수도 포르토프랭스에 있는 대통령 궁. 2010년 아이티 지진으로 무너졌습니다.
© Michelle Walz Eriksson

브라질의 도시 상파울루의 중심가와 변두리가 함께 담긴 모습. 라틴 아메리카의 빈부 격차를 보여 주고 있습니다.

who? 지식사전

강대국에게 빼앗긴 '사탕수수'

사탕수수는 달콤한 사탕의 원료가 되는 식물이에요. 원산지는 인도 갠지스강 유역이라고 하는데, 현재는 세계의 열대 지방 곳곳에서 큰 규모로 재배되고 있어요. 주요 사탕수수 생산국은 인도, 필리핀, 호주, 하와이, 중국을 비롯해 라틴 아메리카의 쿠바, 브라질, 멕시코 등이에요. 그중에서도 인도와 쿠바의 생산량이 가장 많습니다.

라틴 아메리카의 식민지 시대, 에스파냐, 포르투갈 등의 식민국은 엄청난 양의 사탕수수를 빼앗아 갔을 뿐만 아니라 코코아, 목화 등도 마음대로 가져갔어요.

잘라 낸 사탕수수 © Rufino Uribe

7 쿠바 혁명의 영웅

1956년 11월 25일, 피델 카스트로를 반군 지도자로 하여 체 게바라를 포함한 총 82명은 '그란마'라는 보트를 타고 쿠바로 향했습니다.

하아, 최대 25명까지 태울 수 있는 보트에 82명이나 탔으니……

위생 상태도 그렇고 이대로 가다간 도착하기도 전에 다들 지쳐 버리겠어.

체, 안색이 안 좋은데 괜찮겠소?

괜찮……

체 동지!

체 중위가 쓰러졌다!

농민들은 고문을 일삼던 군인이나 고약한 농장 감독들이 혁명군에게 혼쭐나는 것을 보고 자기들 편이 누군지 생각하기 시작했습니다.

우린 농민과 하나입니다.

당연히 해야 일입니다

덕분에 훨씬 일이 수월해 졌습니다.

우리는 땅을 갖지 않은 농민 한 사람도 없게 할 것이다 민중이야말로 혁명의 본질이 바티스타의 부하들처럼 도적 하거나 농민들을 괴롭히는 일은 엄중하게 처벌할 것이

체 게바라는 낮에는 고된 훈련으로 혁명군들을 단련시켰고, 밤이면 그들이 수행하는 전투의 의미와 혁명에 대해 강의했습니다.

체 게바라는 《혁명 신문》을 만들어 쿠바 곳곳에 혁명군의 활동에 대해 전했습니다. 사람들은 혁명군의 소식을 들으며 혁명군의 승리를 바라게 되었습니다.

정부군도 이제 멀지 않았어.

혁명군에 지원하는 사람들이 아주 많은 모양이야.

7월, 1만 2천여 명의 정부군이 쳐들어오자 체 게바라는 지형을 파악해 게릴라 전술을 펼쳤습니다.
결국, 정부군은 전쟁에서 패하고, 바티스타는 미국에 군사 지원을 요청하기로 합니다.

1957년 7월 21일, 체 게바라는 피델의 동생인 라울보다 먼저 혁명군의 2인자가 되었습니다.

내일 우리는 산타클라라에 진격해 적들을 제압한 뒤 아바나로 갈 것이오!

네, 대장님!

1958년 12월 29일, 게릴라를 이끌고 산타클라라에 도착한 체 게바라는 많은 시민들의 가세로 적들을 제압했습니다.

혁명군 만세!

와아!

쿠바 만세!

체 게바라는 새로운 쿠바에서 자신이 해야 할 일을 준비하기 시작했습니다.

민중을 헐벗게 하는 자본주의와 먹고사는 문제는 해결해 주지만 자유를 억압하는 공산주의 중에서 무엇을 택해야 하는가?

체 게바라는 미국의 수입에 의존해 왔던 라디오, 사진기, 전선과 같은 공산품을 직접 생산할 수 있는 공장을 계획했습니다.

소련이나 중국과 같은 사회주의 국가들과 스스로 해방을 쟁취한 식민 국가들 모두 우리의 친구입니다.

미국은 쿠바 니켈 광산의 90퍼센트를, 공공 서비스와 철도의 반 이상을 장악하고 있습니다. 쿠바는 이제 미국의 영향력에서 벗어나야 합니다.

쿠바의 모든 국민이 무상으로 의료 서비스를 받을 것이며 앞으로도 국민을 위한 변화는 계속될 것입니다.

체 게바라는 제3세계의 여러 나라들을 방문하며 각 나라에 맞는 사회주의가 필요하다는 생각을 하게 되었습니다.

쿠바에는 그 나라의 얼굴이자 정신인 피델 카스트로와 혁명을 위해 단검을 뽑은 라울 카스트로가 있으며, 매력적이면서도 가장 위험한 인물인 쿠바의 두뇌, '체 게바라'가 있다.

― 《타임》

쿠바만의 사회주의가 필요합니다.

헐벗고 굶주린 민중을 위한 사회주의 국가를 함께 만들어 가세.

최선을 다하겠습니다.

자네를 믿네.

1959년 10월, 카스트로는 체 게바라를 국립토지개혁위원회의 위원장에 임명했습니다.

오늘 나는 구시대의 유물인 대토지 사유제에 종말을 고하는 법안에 서명할 것이다.

12월에는 국립은행 총재에도 임명되었습니다. 하지만 체의 생활은 전과 다르지 않았습니다.

총재님 때문에 우리까지 일요일에 나와서 일을 해야 하잖아.

은행 일도 바쁜데, 농장 일까지 왜 해야 하는 거야?

사탕수수 수출은 쿠바의 무역에서 매우 중요합니다. 사탕수수가 없다면 쿠바 경제는 흔들릴 거예요.

이제 미국의 영향력에서 벗어나 쿠바만의 길을 가야 할 때입니다.

그렇소. 이제 쿠바만의 사회주의 국가를 건설할 것이오.

1961년 4월 16고, 피델 카스트로는 쿠바가 사회주의 국가임을 선언하고 쿠바는 라틴 아메리카 유일의 사회주의 국가가 됩니다.

쿠바는 사회주의 국가임을 선언합니다.

쿠바 혁명 이후 현재까지 쿠바는 모든 교육이 무료이고 국민의 의료비를 국가가 모두 부담하고 있습니다. 때문에 쿠바 의료계의 수준은 세계 최고 수준이며 쿠바 국민의 문맹률은 매우 낮습니다.

쿠바의 모든 국민이 무상으로 의료 서비스를 받을 것이며 앞으로도 국민을 위한 변화는 계속될 것입니다. 그리고 더 평등한 사회를 만들기 위한 변화는 멈추지 않을 것입니다!

얼마 뒤, 체 게바라의 가슴속에 새로운 꿈이 자라기 시작했습니다.

쿠바 혁명에서 내가 할 몫은 이제 끝난 것 같아.

제 직책과 계급, 쿠바 시민권을 내놓겠습니다. 저는 당신이 쿠바인이기 때문에 할 수 없는 일을 하러 떠납니다.

체 게바라는 자녀들에게 편지를 남기고 떠납니다.

사랑하는 아이들에게, 아버지는 신념에 충실하려고 노력했던 사람이란다. 나는 너희들이 훌륭한 혁명가로 자라기를 바란단다. 그리고 세상 어디선가 누군가에게 벌어지는 모든 불의를 깨달을 수 있는 지혜를 길렀으면 좋겠다. 그것이야말로 혁명가가 가져야 할 아름다운 자질이기 때문이란다.

지금 체 게바라는 어디에 있는 것입니까?

다른 나라로 떠난 겁니까?

체 게바라는 늘 혁명의 최전선에 서 있었고, 앞으로도 그럴 것입니다.

*제국주의: 군사력과 경제력으로 다른 나라나 민족을 무력으로 정벌해 대국가를 건설하려는 침략주의적 경향

1967년 4월, 조직 내의 배반자들이 군대를 이끌고 야영지를 점령했습니다. 정부군은 미국 지원으로 50명이 채 되지 않는 게릴라들과 싸우기 위해 4천 8백 명이 넘는 병력을 동원하였습니다. 체 게바라의 부대는 숱한 기습을 받아 이리저리 흩어졌습니다.

타히티로 간 부대원들은 모두 무사할까?

1킬로미터는 더 가야 집결지가 나와요. 내가 부축할 테니 어서 갑시다.

부상을 입은 체 게바라는 1967년 10월 8일, 미국이 지휘하는 볼리비아 반군 추격대에 생포되었습니다.

멈춰라!

10월 9일, 라틴 아메리카의 혁명을 꿈꾸던 체 게바라는 39세의 나이로 볼리비아의 이름 없는 작은 마을에서 몇 발의 총성으로 숨졌습니다.

탕!

탕!

부르주아의 아들이었으나 민중을 사랑하여 안락한 의사라는 직업도, 정부의 높은 지위도 모두 버린 체 게바라, 힘 있는 자들의 억압에 대항해 민중을 위해 투쟁했던 이 위대한 전사는 우리의 가슴속에 영원히 기억될 것입니다.

나는 돌이킬 수 없는 길보다 돌아오지 않는 길을 선택할 것이다. 지금의 실패는 결코 혁명의 끝이 아니다!

who?와 함께라면 미래가 보인다

어린이
진로 탐색

사회 운동가

어린이 친구들 안녕?
체 게바라 이야기 재미있게 읽었나요?

그렇다면 이제부터
체 게바라가 꿈을 키워 가는 과정을 함께 되짚어 보며
그가 활동한 분야와 그 분야에 속한 다양한 직업에 대해
살펴봐요!

또한 여러분에게는 어떤 장점과 적성, 가능성이
숨어 있는지 찾아보면서
그것을 어떻게 진로와 연결시킬 수 있는지에 대해서도
알아봅시다.

그럼 지금부터
여러분이 멋진 꿈을 향해 나아갈 수 있도록 도와줄
진로 탐색을 시작해 볼까요?

자기 이해부터
진로 체험까지,
다양한 진로 탐색
활동을 시작해 봐요!

나의 약한 점이나
부족한 점은?

어린 시절 체 게바라는 천식을 앓아서 몸이 약했어요. 음식을 가려서 먹어야 했고,
학교에도 늦게 입학해야 했지요. 몸이 약하다는 점을 극복하기 위해 체 게바라는
수영, 축구, 럭비 등 운동을 열심히 했습니다. 그렇게 체력을 길렀기에 훗날 오랜 기간
동안 여행을 다닐 수 있었고, 사회 운동가로 활동할 수 있었어요.
여러분도 체 게바라처럼 약하거나 부족한 점이 있나요? 그것이 어떤 것인지,
극복하기 위해 할 수 있는 일은 무엇인지 생각해 보아요.

✳ **여러분의 약하거나 부족한 점은?**

✳ **그 점을 극복하기 위해 여러분이 할 수 있는 일은?**

기억에 남는 여행은?

청년이 된 체 게바라는 몇 개월에 걸친 긴 여행을 했어요. 그 여행을 통해 체는 라틴 아메리카 곳곳에서 고통받고 있는 노동자들의 모습과 마주했지요. 체 게바라가 의사의 길을 버리고 사회 운동가가 되는 데는 여행에서의 경험이 큰 영향을 미쳤습니다. 이렇게 여행은 즐거움을 주기도 하지만 새로운 사실을 일깨워 주기도 하고 나아가 인생의 방향을 바꿔 주기도 해요.
여러분도 여행을 해 본 적이 있을 거예요. 여행을 하면서 새롭게 알게 되거나 느끼게 된 것이 있었는지 떠올려 보세요.

여행 기록표			
장소		날짜	
여행 중 새롭게 알게 된 점 (관심을 갖게 된 점)			
느낀 점			

다른 사회 운동가는?

진로
탐색
STEP 3

지금까지 체 게바라가 어떻게 사회 운동가의 꿈을
키웠고, 어떻게 쿠바 혁명을 성공시켰는지 만나
보았어요. 그럼 이제 다른 사회 운동가에 대해서도
알아볼까요? 같은 사회 운동가여도 비슷한 점도 있고
다른 점도 있을 거예요.
베트남의 독립을 이끈 호찌민에 대해 조사해 보고,
체 게바라와 비슷한 점은 무엇이고 다른 점은
무엇인지 살펴보세요.

＊ 호찌민은 어떤 사람인가요?

＊ 체 게바라와 호찌민의 비슷한 점과 다른 점은 무엇인가요?

＊ 호찌민에 대해 조사하며 새롭게 알게 된 것이나 느낀 점을 적어 보세요.

178

사회 운동의 종류는?

체 게바라는 사회 운동가로서 더 나은 세상을 만들고자 했어요. 특히 사람들 사이의
차별을 없애고 모두가 함께 잘 사는 사회를 만들고 싶어 했지요.
현대에도 체 게바라처럼 세상을 바꾸기 위해 활동하는 사람들이 많아요. 이런
사람들을 '사회 운동가'라고 합니다. 오늘날의 사회 운동에는 어떠한 것들이 있는지
책이나 인터넷을 통해 조사해 보세요.

환경 운동

파괴되고 있는 자연환경과
생태계를 지키기 위해, 정부나
기업의 활동을 감시하고
친환경적인 생활 방식을 널리
알린다.

여성 운동

노동 운동

평화 운동

훌륭한 사회 운동가가
되기 위한 준비

체 게바라의 이야기를 읽고 사회 운동가의 꿈이 생겼다면 그 꿈을 좀 더 구체적으로 상상해 보세요. 훌륭한 사회 운동가가 되기 위해서는 어떤 준비와 노력이 필요할까요?

막연하게 상상하기보다 구체적인 모습을 그려 보고 그것을 위한 계획을 세운다면 꿈을 이룰 가능성도 그만큼 더 커질 수 있습니다. 내가 해야 할 일을 시기별로 계획해 보세요.

	하고 싶거나 이루고 싶은 것	내가 노력해야 할 것
초등학생 때		
중 · 고등학생 때		
성인일 때		

도산공원에 가 봅시다!

도산공원은 도산 안창호 선생의 생애를 기리기 위해 만들어진 곳으로, 서울시 강남구에 있습니다.

도산 안창호 선생은 우리나라가 일본의 식민지였던 때에 나라의 독립을 위해 활동한 분이에요. 인재를 키워야 나라가 스스로 설 수 있다는 믿음으로 학교를 세워 교육에 힘썼고, 미국과 중국을 오가며 많은 사람들에게 독립운동의 중요성을 알렸습니다.

도산공원 안에 있는 안창호 동상

도산 안창호 기념관 전경

도산공원에는 안창호 선생과 부인 이혜련 여사의 묘지가 조성되어 있고 안창호 선생의 동상이 세워져 있습니다. 또 도산 안창호 기념관에 전시된 여러 유품과 사진을 통해 안창호 선생의 생애와 활동을 살펴볼 수 있어요. 도산공원을 둘러보며 사회 운동가의 삶과 자세에 대해 생각해 보세요.

도산공원 견학 안내

* **개관 시간**: 24시간(연중 무휴)
* **주소**: 서울특별시 강남구 도산대로45길 20(도산공원)
* **홈페이지**: '서울의 산과 공원' 홈페이지(parks.seoul.go.kr/parks)에서 '도산공원' 검색
* 매년 3월 10일 흥사단 및 도산기념사업회 주관으로 도산 안창호 선생 추모 기념 행사가 있습니다.

연표 — 체 게바라

연도	나이	내용
1928년		6월 14일, 아르헨티나 로사리오에서 태어납니다.
1930년	2세	폐렴에 걸렸다가 천식이 생깁니다.
1932년	4세	천식에 좋은 기후를 찾아 산악 지방 알타그라시아로 이주합니다.
1943년	15세	막냇동생 후안 마르틴이 태어나 게바라 가족은 모두 일곱 명이 됩니다.
1947년	19세	부에노스아이레스 대학에 입학하여 의학을 공부합니다.
1952년	24세	알베르토 그라나도와 함께 라틴 아메리카를 여행합니다.
1953년	25세	의과 대학을 졸업하고 의사 면허를 얻은 후 볼리비아와 여러 나라를 여행합니다.
1954년	26세	페루 출신의 일다 가데아와 결혼하여 딸 일디타를 낳습니다.
1955년	27세	멕시코에서 피델 카스트로를 만나 쿠바 혁명을 위한 활동에 동참합니다.
1956년	28세	피델 카스트로와 함께 그란마호를 타고 쿠바에 침투합니다.

1958년 30세	쿠바의 도시 산타클라라 점령을 지휘합니다.	
1959년 31세	1월 1일, 바티스타가 도미니카 공화국에 망명합니다.	
	1월 8일, 혁명군이 쿠바의 수도 아바나에 입성하며 쿠바 혁명이 성공합니다.	
	10월, 국가토지개혁위원회의 위원장이 됩니다.	
	11월, 쿠바 국립은행 총재에 임명됩니다.	
1961년 33세	4월, 피델 카스트로가 쿠바는 사회주의 국가임을 선언합니다. 라틴 아메리카 최초로 사회주의 국가가 탄생합니다.	
1965년 37세	쿠바에서의 직책을 모두 버리고 아프리카 콩고로 가 게릴라전에 참여합니다.	
1966년 38세	볼리비아에 도착하여 게릴라를 조직합니다.	
1967년 39세	10월 8일, 볼리비아 군에게 잡혀 10월 9일 처형됩니다.	
	10월 15일, 피델 카스트로는 10월 8일을 체 게바라 기념일로 정합니다.	
1997년	볼리비아에서 발견된 체 게바라의 유해를 쿠바 산타클라라로 옮겨 안장합니다.	

찾아
보기